First 100 Italian Words

Berlitz Kids™
Berlitz Publishing Company, Inc.

Princeton   Mexico City   Dublin
Eschborn   Singapore

all
tutto

All the frogs are green.

Tutte le rane sono verdi.

and
e

I have two sisters and two brothers.

Io ho due sorelle e due fratelli.

to ask
domandare

It is time to ask, "Where are my sheep?"

È il momento di domandare: "Dove sono le mie pecore?"

aunt
la zia

My aunt is my mom's sister.

Mia zia è la sorella della mia mamma.

black
nero

Zebras have black stripes.

Le zebre hanno le strisce nere.

blue
azzurro

The sky is blue.

Il cielo è azzurro.

boy
il ragazzo

The boys are brothers.

I ragazzi sono fratelli.

brother
il fratello

He is my brother.

Lui è mio fratello.

cake

la torta

She likes to
eat cake.

Le piace la torta.

carrot

la carota

A carrot is orange.

**La carota è
arancione.**

cat

il gatto

The cat sees
the mouse.

**Il gatto vede il
topo.**

chair

la sedia

He is sitting on
a chair.

**È seduto su una
sedia.**

dad
il papà

My dad and I
look alike.

**Io ed il mio papà
ci assomigliamo.**

doctor
il dottore

The doctor checks
the baby.

**Il dottore visita il
bambino.**

dog
il cane

The dog has a
funny hat.

**Il cane ha un
cappello buffo.**

door
la porta

What is behind
the door?

**Che cosa c'è dietro
la porta?**

to eat
mangiare

The bird likes
to eat worms.

**A quest'uccello
piace mangiare i
vermi.**

eight
otto

He put eight celery
sticks in the salad.

**Lui ha messo otto
pezzi di sedano
nell'insalata.**

everyone
ognuno

Everyone here has
spots!

**Ognuno di loro
ha delle macchie!**

everything
ogni cosa

Everything is purple.

**Ogni cosa qui
dentro è viola.**

family
la famiglia

This is a big family.

Questa è una grande famiglia.

five
cinque

The rabbit ate five carrots.

Il coniglio ha mangiaio cinque carote.

four
quattro

I gave four pears to my grandma.

Ho dato quattro pere alla mia nonna.

Friday
il venerdì

On Friday, we go to the park.

Venerdì andiamo al parco.

girl
la ragazza

The girl is dancing.

La ragazza sta ballando.

grandfather
il nonno

I have fun with my grandfather.

Io mi diverto con mio nonno.

grandmother
la nonna

My grandmother likes to bake.

A mia nonna piace fare i dolci.

green
verde

Grass is green.

L'erba è verde.

happy
allegro

This is a happy face.

Questa è una faccia allegra.

hello
ciao

Hello. How are you?

Ciao. Come stai?

hot
caldo

Fire is hot.

Il fuoco è caldo.

house
la casa

The house has many windows.

Questa casa ha molte finestre.

ice
il ghiaccio

We skate on ice.

Noi pattiniamo sul ghiaccio.

ice cream
il gelato

Clara likes ice cream.

A Clara piace il gelato.

inside
dentro

He is inside the house.

Lui è dentro casa.

into
dentro

Do not go into that cave!

Non andare dentro quella caverna!

jam
la marmellata

Do you think she likes bread and jam?

Pensi che le piaccia il pane con la marmellata?

job
il lavoro

It is a big job.

È un grosso lavoro.

juice
il succo

She is pouring a glass of orange juice.

Lei sta versando un bicchiere di succo d'arancia.

to jump
saltare

The animal loves to jump.

L'animale adora saltare.

key
la chiave

Which key opens
the lock?

**Quale chiave apre
la serratura?**

kind
gentile

She is kind to animals.

**Lei è gentile con
gli animali.**

kiss
il bacio

Would you like to give
the monkey a kiss?

**Vuoi dare un bacio
alla scimmia?**

kitten
il gattino

A kitten is a baby cat.

**Un gattino è un
cuccicolo di gatto.**

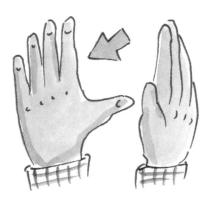

left
sinistro

This is your left hand.

Questa è la tua mano sinistra.

library
la biblioteca

The library is full of books.

La biblioteca è piena di libri.

to like
piacere

He is going to like the cake.

La torta gli piacerà.

love
l'amore

Love is wonderful.

L'amore è meraviglioso.

14

me
mi
Look at me!
Guardami!

milk
il latte
He likes milk.
Gli piace il latte.

mom
la mamma
She is the baby's mom.
Lei è la mamma del bimbo.

Monday
il lunedì
On Monday,
we take baths.
Al lunedì facciamo il bagno.

name
il nome

His name
begins with "R".

**Il suo nome inizia
con la "R".**

night
la notte

It is dark at night.

Di notte è buio.

nine
nove

The pig ate nine ice
cream cones!

**Il maiale ha
mangiato nove
coni di gelato.**

no
no

No, you may not go.

**No, non può
passare.**

ocean
l'oceano

This turtle swims in the ocean.

Questa tartaruga nuota nell'oceano.

o'clock
in punto

It is one o'clock.

È l'una in punto.

one
uno

I need one pineapple for this cake.

Ho bisogno di un'ananas per questa torta.

orange
arancione

Leaves turn orange in the fall.

Le foglie diventano arancione in autumno.

17

paper
la carta
Write on the paper!
Scrivi sulla carta!

pen
la penna
The pen is leaking.
La penna perde.

pencil
la matita
A pencil is for drawing.
La matita serve per disegnare.

purple
viola
I like purple grapes.
Mi piace l'uva viola.

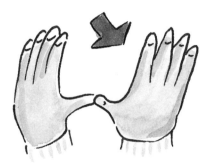

red
rosso
A strawberry is red.
Le fragola è rossa.

right
destra
This is your right hand.
Questa è la tua mano destra.

rose
la rosa
She likes roses.
Le piacciono le rose.

to run
correre
You need feet to run!
Per correre hai bisogno dei piedi!

Saturday
il sabato

On Saturday, we work together.

Il sabato lavoriamo insieme.

seven
sette

There are seven cherries for seven sundaes.

Ci sono sette ciliege per sette gelati.

sister
la sorella

They are sisters.

Loro sono sorelle.

six
sei

My grandpa bought six watermelons.

Mio nonno ha comprato sei cocomeri.

Sunday
la domenica

On Sunday, we eat dinner with Grandma.

La domenica andiamo a cena dalla nonna.

ten
dieci

My mother uses ten peppers for her pizza.

Mia madre usa dieci peperoni per la pizza.

three
tre

Do not put three chili peppers in that sandwich!

Non mettere tre peperoni in qual panino!

Thursday
il giovedì

On Thursday, we wash clothes.

Il giovedì laviamo i vestiti.

Tuesday
il martedì

On Tuesday, we
wash floors.

**Il martedì laviamo
i pavimenti.**

two
due

She gave the teacher
two apples.

**Lei ha dato due
mele alla sua
maestra.**

umbrella
l'ombrello

She has a yellow
umbrella.

**Lei ha un ombrello
giallo.**

uncle
lo zio

My uncle is my dad's
brother.

**Mio zio è fratello d
mio padre.**

22

to walk
camminare

It is good to walk.

Camminare fa bene.

we
noi

See us? We are all purple.

Ci vedi? Noi siamo tutti viola.

Wednesday
il mercoledì

On Wednesday, we go to work.

Il mercoledì andiamo a lavorare.

white
bianco

Clouds are white.

Le nuvole sono bianche.

yes
sì

Is he yellow?
Yes! He is.

È giallo? Sì.

yellow
giallo

A banana is yellow.

La banana è gialla.

you
tu

You are reading
this book.

**Tu stai leggendo
questo libro.**

your
tuo

What color are
your eyes?

**Di che colore sono
i tuoi occhi?**

zebra
la zebra

You cannot have a
pet zebra!

**Non puoi tenere
una zebra in casa!**

zigzag
lo zigzag

The house has
zigzags on it.

La casa è a zigzag.

zipper
la chiusura
lampo

The zipper is stuck.

**La chiusura lampo è
bloccata.**

zoo
lo zoo

I can see many animals
at the zoo.

**Posso vedere molti
animali allo zoo.**

On the next few pages, write and draw your favorite Italian words.